**Joachim Paschen**

## Hurra, wir leben noch!

# HAMBURG

## nach 1945

mit einem Vorwort von Egbert A. Hoffmann

**Wartberg Verlag**

In unserer Reihe „Bilder aus Hamburg“ sind bisher erschienen:

(1) Rundgang durch das alte Hamburg
(2) Hamburg gestern und heute – Eine Gegenüberstellung
(3) Rundflug über das alte Hamburg
(4) Hamburg – Luftbilder von gestern und heute
(5) Hamburg – Bewegte Zeiten – Die 50er Jahre
(6) Kindheit in Hamburg in den 50er Jahren
(7) Spektakuläre Hamburger Kriminalfälle
(8) Arbeit, Handel, Fernweh – Menschen im Hamburger Hafen
(9) Land unter! – Die Hamburger Flutkatastrophe 1962
(10) Hurra, wir leben noch! – Hamburg nach 1945

Herausgegeben vom:

LANDESMEDIENZENTRUM HAMBURG

Fotonachweis:
Alle Aufnahmen stammen aus dem Archiv des Landesmedienzentrums Hamburg

1. Auflage 2003

Druck: Thiele & Schwarz, Kassel
Buchbinderische Verarbeitung: Büge, Celle

34281 Gudensberg-Gleichen, Im Wiesental 1
Telefon: 0 56 03/9 30 50 • www.wartberg-verlag.de
ISBN 3-8313-1328-8

# INHALT

# VORWORT

Hamburg brannte noch, als ich am 30. Juli 1943 am Pröbenweg im ausgeglühten Stadtteil Hamm-Süd in einen verschütteten Ruinenkeller vordrang.
Drei glutheiße Räume waren nicht eingestürzt. Dort fand ich 32 Menschen mit verzerrten Gesichtern in unbeschreiblichen Verkrampfungen auf dem Boden liegen, auch zwei Verwandte. Tod durch qualvolles Ersticken, eine entsetzliche Tragödie, wie sie sich vieltausendfach im Feuersturm der untergegangenen Stadtviertel ereignete. Die Hölle im Flammenmeer.

Barbarisches Geschehen in einem verbrecherischen Krieg, größte Flächenbrände, die es jemals in einer europäischen Großstadt gab. Kilometerweit wurden Wohnviertel zu toten Ruinenwüsten. Die Opfer des Infernos suchte man noch lange nach Kriegsende in verschütteten Kellern. Tausende waren nicht mehr zu identifizieren.
Als die Waffen im Mai 1945 endlich schwiegen, waren in fünf Jahren bei 213 Bombenangriffen mehr als 60 000 Menschen umgekommen, an die 60 Prozent aller Wohnungen, 277 Schulen, 24 Krankenhäuser, 60 Kirchen vernichtet und 900 000 Hamburger obdachlos geworden.
In der Hansestadt lagen weit mehr als 40 Millionen Kubikmeter Trümmer. Eine Bilanz des Untergangs.
Die meisten Überlebenden des Infernos, auch ich, glaubten damals nicht, dass Hamburg angesichts dieser gigantischen Verheerungen jemals wieder eine Lebenschance haben würde. Wunder gab es eben nur im Märchen, wie jeder wusste. Aber dann geschah es doch – in vielen harten Aufbaujahren erholte sich die Hansestadt langsam von den grauenhaften Spuren der Verwüstung. Präzise Planung und nimmermüde Initiative füllten die untergegangenen Viertel wieder mit Leben. Und heute gibt es kaum noch Lücken in den Häuserzeilen.
Allerdings: wo der Feuerorkan vor sechzig Jahren wütete, sieht es heute meist ganz anders aus als vor der Katastrophe. Auch am Pröbenweg stehen neue Gebäude. Was vor sechs Jahrzehnten dort geschah, weiß kaum jemand mehr.
Für diese Stadt gab es eben doch ein Wunder, das Wunder der Neugeburt. Die Wochen und Monate nach der kampflosen Übergabe Hamburgs an die Sieger am 3. Mai 1945 zeigt dieses Buch mit dokumentarischen Fotos, berichtet über das zaghaft neu beginnende Leben in skelettierten Stadtteilen, schildert die Not der Menschen zwischen Hunger und Primitivität.
Wer das alles miterlebt hat, wird jene Zeit niemals vergessen.

***Egbert A. Hoffmann***

(37 Jahre lang Redakteur beim Hamburger Abendblatt)

# EINLEITUNG

Anfang Mai 1945 erwachten viele Hamburger wie aus einem Traum: Hitler war tot und der Krieg zu Ende. Doch ringsum blieb eine schreckliche Wirklichkeit bestehen: die halbe Stadt zerstört, viele Freunde und Verwandte umgekommen oder vermisst, britische Truppen als Besatzungsmacht.

Der Blick in die Zukunft war der Blick in ein dunkles Loch. Jede banale Alltagsfrage wurde zu einem schwerwiegenden Problem: Woher etwas zu essen bekommen, wenn die Geschäfte geschlossen bleiben? Wie kommt man zur Arbeit, wenn das Ausgehverbot bestehen bleibt und keine Verkehrsmittel fahren? Wie sind verlässliche Informationen zu erhalten, wenn keine Zeitungen erscheinen? Was werden die Sieger verlangen? Der tägliche Kampf ums Überleben absorbierte alle Kräfte.

Woher kam den Hamburgern in dieser Situation neuer Lebenswille? Es brauchte etwas Zeit, bis sie merkten, dass die Last, die von ihnen gefallen war, größer war, als die Lasten, die sie nun zu tragen hatten. Unmittelbarer wirkte der Blick auf die Kinder: Sie schrieen in ihren Windeln, verlangten nach Essen und Freundlichkeit, streunten zwischen Ruinen herum; zu Tausenden kehrten sie aus den Landverschickungslagern zurück in eine Stadt, die nicht wieder zu erkennen war. Selbst Hoffnung war eine Mangelware. Für diese nächste Generation musste es einen Ausweg aus der Misere geben. Aus dem Anblick dieser Not kam die Kraft, den Wiederaufbau zu wagen.

Natürlich waren die meisten Menschen in Hamburg froh, dass sie den Krieg überlebt hatten, egal ob sie sich besiegt oder befreit fühlten oder beides zugleich. Für die nachfolgenden Generationen, die wissen, wie die Geschichte weiter gegangen ist, mag es schwer nachvollziehbar sein, wie schwer und drückend 1945 die Ungewissheit auf den Menschen lastete. Die Hamburger waren noch weit entfernt davon, „Hurra!“ zu schreien. Der Weg durch das Jammertal zog sich noch Jahre hin. Erst im Sommer 1948, mit der Währungsreform, begannen sich die Aussichten zu bessern; bis alle Wunden im Bild der Stadt und in den Seelen der Menschen vernarbt waren, sollte es noch Jahrzehnte dauern.

Dieser Bildband zeigt, wie in den drei ersten Nachkriegsjahren die Hamburger ihr Schicksal getragen und in die Hand genommen haben, um ihrer Stadt und ihren Bewohnern eine Zukunft zu sichern. Es wurden Kräfte frei gesetzt, die der größten Hafenstadt Deutschlands einen neuen Aufschwung ermöglichten. Die Bilder erinnern an die schrecklichen Folgen des Krieges, die Zerstörungen und die Opfer. Sie zeigen Verzweiflung und Mühsal. Sie führen uns aber auch vor Augen, wie mutig und tatkräftig die Menschen damals gewesen sind, wie hilfsbereit und hoffnungsfroh. Den Bildern ist abzulesen, wie die Hamburger allmählich wieder Lebensmut fassten.

Die Auswahl von etwa 100 Fotografien kommt im Wesentlichen aus dem Landesbildarchiv. Die Aufnahmen stammen vom Fotografen der damaligen Landesbildstelle, Willi Beutler (1903–76) sowie von Erich Andres (1905–92) und Gerd Mingram („Germin“ 1910–2001). Viele der Bilder werden hier zum ersten Mal veröffentlicht. Besonderer Dank gilt dem Staatsarchiv Hamburg für die Bereitstellung weiterer Materialien.

Gewidmet wird das Buch dem britischen Verleger Victor Gollancz, der in seinem 1947 veröffentlichten Reisebericht „In Darkest Germany“ auf die katastrophalen Zustände in der Britischen Besatzungszone hinwies (übrigens mit Hilfe der Fotos Willi Beutlers) und sich für eine Verbesserung der Lage einsetzte.

# ≈ DIE BRITEN KOMMEN ≈

Hitler hatte seinem Leben am 30. April 1945 so rechtzeitig ein Ende gemacht, dass Hamburg das Schicksal von Bremen erspart werden konnte: Dort hatten sich die britischen Truppen gegen eine zähe Verteidigung bis in die Innenstadt Bremens vorkämpfen müssen. Jetzt stand die britische 7. Panzerdivision an der Elbe und vor den Toren Hamburgs. Bei den Verantwortlichen in Hamburg kam es zu einem Sieg der Vernunft.

Gauleiter Karl Kaufmann, Hitlers Statthalter in Hamburg, ließ am 2. Mai über den Rundfunk seine Erkenntnis der Lage verbreiten: „Das Schicksal des Krieges kann nicht mehr gewendet werden; der Kampf aber in der Stadt bedeutet ihre sinnlose restlose Vernichtung." Hamburg erklärt sich zur „offenen Stadt"; Kapitulationsverhandlungen werden eingeleitet, um die Stadt kampflos zu übergeben.

Am Nachmittag des 3. Mai begann der Einmarsch der britischen Panzertruppen, den die Bevölkerung nur vom Fenster beobachten konnte, da ab Mittag ein Ausgehverbot verhängt war: An der Spitze wiesen drei deutsche Offiziere den Weg über die Elbbrücken, den Heidenkampsweg und die Mönckebergstraße zum Rathausmarkt, der immer noch „Adolf-Hitler-Platz" hieß. Nirgendwo hingen weiße Fahnen, alles verlief geordnet und diszipliniert. Im Bürgermeistersaal empfing Kaufmann Brigadegeneral Spurling und übergab die politische Macht; anschließend war ein Dinner im Hotel Atlantic vorgesehen.

Den Hamburgern bleiben die Straßen weiterhin verboten. Die Militärregierung kündigt auf Plakaten bei Zuwiderhandlung den Gebrauch der Schusswaffe „ohne Anruf" oder die Todesstrafe an. Innerhalb weniger Tage nehmen die Briten die Schaltstellen der Macht, die Kasernen und den Rundfunk in Besitz. Es beginnt die Ablösung des bisherigen Regimes: Kaufmann, Bürgermeister Krogmann und weitere führende Beamte werden verhaftet, die führenden Männer der NSDAP in Hamburg in das Konzentrationslager Neuengamme abgeführt und die Behörden von Parteimitgliedern „gesäubert".

Die höchste Gewalt in Hamburg übernimmt als Militärgouverneur Oberst Armytage. Er hat einen großen Stab mitgebracht, der die Arbeit in den Behörden kontrollieren soll. Auf dem Rathausmarkt wird ein Parkplatz für Militärwagen mit Stacheldraht umzäunt. Benutzbare Villen und Bürohäuser vor allem an der Alster werden von der Militärregierung beschlagnahmt. Große Hotels (z. B. „Vier Jahreszeiten") werden komplett von Briten belegt. Der Neue Jungfernstieg ist für Deutsche gesperrt. Zahlreiche Restaurants und Kultureinrichtungen sind ausschließlich für die Besatzungstruppen reserviert. Den britischen Soldaten ist jeder Kontakt mit der deutschen Bevölkerung bei Strafe verboten.

Das strenge Regime wird allerdings sehr bald gelockert: Das Ausgehverbot beschränkt sich auf die Nacht. Die Bewegungsfreiheit wird erweitert; nur für die Überquerung der Elbe benötigt man noch einen Passierschein. In einer persönlichen Botschaft hebt der Oberbefehlshaber der Britischen Besatzungszone, Feldmarschall Montgomery, Anfang August 1945 das Umgangsverbot auf: „Es ist jetzt gestattet, sich auf Straßen und in öffentlichen Räumen mit der deutschen Bevölkerung zu unterhalten."

Nach dem in den Kolonien bewährten Muster wird das Prinzip der „indirekten Regierung" ausgebaut. In derselben Botschaft kündigt Montgomery die Erweiterung politischer Freiheiten an. Bereits am 15. Mai 1945 war in Hamburg der 67-jährige Kaufmann Rudolf Petersen als neuer Bürgermeister eingesetzt worden. In Abstimmung mit der Besatzungsmacht ernannte er in den folgenden Monaten weitere Senatoren. Auf der Windschutzscheibe seines Dienstwagens durfte er die Aufschrift führen: „Burgomaster of Hamburg"; grundsätzlich aber behielten Militärfahrzeuge das Vorfahrtsrecht. Nach der „Entnazifizierung" (ca. 2 700 verhaftete bzw. entlassene Beamte und Angestellte) verrichteten die Hamburger Behörden unter britischer Aufsicht ihren Dienst fast wie gewohnt; zur Aufrechterhaltung der Ordnung durften die Polizisten ab September 1945 sogar wieder Waffen tragen. Im November 1945 wurden Parteien offiziell zugelassen.

Die größte Trophäe ihres Sieges über Deutschland war das Ziel häufiger Besuche aus dem Vereinigten Königreich: Es kamen Parlamentarier und Gewerkschaftler, Minister und Militärs, Schriftsteller und Journalisten nach Hamburg, um zu sehen, was der Krieg angerichtet und welchen Erfolg die Besatzungspolitik hatte. Die Einstellung der Hamburger zu den „Tommies" blieb zwiespältig: Einerseits war man froh, nicht unter die Knute der sowjetischen Siegermacht geraten zu sein (hartnäckig hielten sich nach dem Rückzug der Briten aus Westmecklenburg Gerüchte, Stalin verlange ein Drittel von Hamburg); andererseits hing es von jedem einzelnen Vertreter der Briten ab, wie weit sein Verhalten als Auskosten des Sieges empfunden wurde.

▲ *Das „Stadttor" der Norderelbbrücken stand offen: Am Nachmittag des 3. Mai 1945 erfolgte die Einfahrt der britischen 7. Panzerdivision in drei Marschsäulen. Hamburgs Kampfkommandant Generalmajor Wolz hatte die Kapitulationsbedingungen anerkannt und dabei zugesagt, an den Elbbrücken die Pioniersprengladungen auszubauen und sie intakt zu übergeben.*

◀ Wegen des Ausgehverbots fahren die Panzertruppen durch menschenleere Straßen. Beamte der Schutzpolizei, die dem Reichsführer SS und Chef der Deutschen Polizei Himmler unterstanden hatten, sind für die Bewachung abgestellt und bei der Orientierung behilflich. Die Route geht auch durch Hammerbrook, einen Stadtteil, der im Bombenkrieg vollständig vernichtet worden ist.

▶ Besonderes Interesse an Hamburg hatte der Chef der britischen Bomberflotte, Luftmarschall Arthur Harris (Mitte): Hier konnte er sich von der Wirkung seiner Strategie überzeugen, durch die Kombination von Brand- und Sprengbomben ein Höchstmaß an Zerstörung zu erreichen. Er besichtigte eine Stadt in Schutt und Asche. Allerdings hatte er sein Ziel nicht erreicht, durch Massenbombardierungen der Zivilbevölkerung den Krieg zu beenden.

▶ Harris ließ sich auch eine Schule zeigen: Hamburgs Schulsenator (links) führte ihn in eine Klasse, wo das Essen noch vor dem Lernen auf dem Stundenplan stand. Fast sieht es so aus, als ob es ihm peinlich ist, dass ein kleiner Junge aus seiner Bank heraustritt und vor dem hochdekorierten Militär strammsteht.

Der Gänsemarkt 1946 mit Blick auf das „Deutschlandhaus" mit dem „Victory Club for other Ranks": Seit Juni 1945 war die bisherige Stadtschänke ein britisches Soldatenheim. Auch das einzige in der Innenstadt erhaltene Kino nahm die Besatzungsmacht für sich in Anspruch. Die meisten Autos waren beschlagnahmt worden. Für Fahrten bedurfte es einer Sondergenehmigung der Militärregierung. Weiter als 80 Kilometer durfte man sich nicht von seinem Standort entfernen. Am Wochenende waren private Fahrten ganz verboten.

Das unzerstört gebliebene Deutsche Schauspielhaus wurde in „Garrison Theatre" umgetauft. Hier gab es Theatervorstellungen ausschließlich für Angehörige der Besatzungstruppen. Britische Ensembles traten hier auf, u.a. Laurence Olivier in Shakespeares „Richard III." Die Deutschen mussten sich mit provisorischen Spielbühnen begnügen, z. B. im Besenbinderhof und in einem Sparkassengebäude; erst 1950 ging das Haus an der Kirchenallee wieder in deutschen Besitz über.

Aus Südafrika kam der 75-jährige Feldmarschall Jan Smuts im Mai 1946 nach Hamburg. Er hatte bereits im ersten Weltkrieg den Kampf Großbritanniens gegen das Deutsche Reich mitorganisiert. Im zweiten Weltkrieg stand er in enger Verbindung zum Kriegspremier Winston Churchill. U.a. besuchte er die Schule Curschmannstraße; er fand zuversichtliche Worte für den Wiederaufbau in Hamburg und Deutschland.

Im Sommer 1946 schickte der britische Premier Attlee seinen Erziehungsminister nach Hamburg: Er sollte die Ergebnisse der bisherigen Besatzungspolitik beim Aufbau eines neues Bildungswesens überprüfen. Als erstes stand ein Besuch bei der Schulbehörde in der Dammtorstraße auf dem Plan.

# ≈ IN SCHUTT UND ASCHE ≈

Die einst stolze Hansestadt bot den einmarschierenden Briten einen trostlosen Anblick: Der alles verzehrende Feuersturm vom Sommer 1943 lag zwar schon fast zwei Jahre zurück, so dass viele Trümmer aus dem Weg geräumt waren. Aber bis zuletzt hatte die Air Force ihre Luftangriffe fortgesetzt, so dass z. B. die Mönckebergstraße wegen zahlreicher Bombentrichter für den normalen Verkehr unpassierbar war.

Hamburgs steiler Aufstieg in die „Moderne" hatte mit der Gründung des Deutschen Reiches 1871 begonnen: Es wurden gewaltige Anstrengungen unternommen, um den Hafen an der Elbe zum wichtigsten Welthandelsplatz auf dem europäischen Kontinent auszubauen. Neben vielen praktischen Bauten (Speicherstadt, Hafenbecken mit langen Kaimauern am gegenüberliegenden Elbufer, Kontorhäuser) ließen sich die Kaufleute repräsentative Gebäude errichten, für die Politik ein Rathaus, für die Wissenschaft eine Universität, für die Kunst Museen und für die Kultur Theater. Außerdem wurden ein neues Verkehrsnetz (Hochbahn) sowie saubere und luftige Wohnanlagen mit viel Grün für Arbeiter und Angestellte im Kreis um die Innenstadt geschaffen. Trotz großer wirtschaftlicher Schwierigkeiten konnten diese Baumaßnahmen (darunter viele Schulen) bis in die 20er und 30er Jahre fortgesetzt werden.

Nun lag buchstäblich halb Hamburg in Trümmern, vom Rest war das meiste schwer beschädigt. Die Innenstadt und der Hafen mit seinen Rüstungsanlagen waren erstaunlicherweise nicht so schwer getroffen wie die dichtbesiedelten Wohngebiete. Besonders grausam hatte der Feuersturm östlich und nördlich der Innenstadt bis nach Horn und Barmbek sowie in Eimsbüttel und Altona gewütet. Es sind tote Stadtteile. Viele Baudenkmäler aus alter und neuer Zeit sind so zerstört, dass eine Wiederherstellung nicht möglich scheint.

Der Trümmerberg ist so riesig, dass für seine Beseitigung ein Zeitraum von 20 Jahren kalkuliert wird. Aber auch unterirdisch funktioniert vieles nicht: Weder die Versorgung mit Trinkwasser, Gas und Strom noch die Entsorgung: Das Sielnetz ist verstopft, Müllabfuhr und Straßenreinigung werden eingestellt. Eine öffentliche Beleuchtung findet aus Mangel an Energie nicht statt. Brücken sind zerstört, Deiche und Schleusen verfallen. Grünanlagen und Parks, Sport- und Spielplätze, Schul- und Friedhöfe sind heruntergekommen und zweckentfremdet.

Und überall sind noch die Reste des Krieges zu sehen: Es gibt Panzersperren und Panzergräben. Auf die ganze Stadt verstreut sind Blindgänger des Bombenkrieges, liegen Artillerie- und Flakgeschosse, sind Waffen und Munition zu finden.

Unvorstellbar sind die Wohnverhältnisse: Zwar leben im Mai 1945 statt 1,7 Millionen nur noch 1,2 Millionen Menschen in Hamburg; doch sie müssen sich mit einem Drittel der Wohnfläche begnügen. Trotzdem versuchen immer mehr Hamburger zurückzukommen; zusätzlich strömen zu Tausenden Heimatvertriebene aus Ost-Deutschland und Flüchtlinge aus der Sowjetischen Besatzungszone in die Stadt.

Jeder 15. Hamburger war im Krieg umgekommen, an der Front, im Bombenhagel oder als Opfer politischer und rassischer Verfolgung. Die meisten Soldaten waren noch in Gefangenschaft, allein in Schleswig-Holstein 350 000. Unter den Trümmern wurden noch 3 000 Zivilisten vermisst. Familien waren auseinandergerissen: Kinder suchten ihre Eltern, Eltern ihre Kinder.

Auf der Potsdamer Konferenz im Juli/August 1945 hatten die Sieger beschlossen, alle Industrieanlagen, die Deutschland zur Aufrechterhaltung eines bescheidenen Lebensstandards nicht mehr brauchte, als Reparation abzutransportieren oder – wenn das nicht ging – zu zerstören. Die britische Militärregierung folgte zunächst diesen Beschlüssen. Auch nach dem Krieg gingen in Hamburg die Zerstörungen weiter, sehr zum Unmut der Hamburger, die sich um ihre Arbeitsplätze und jede Chance für eine zukünftige Entwicklung beraubt sahen.

Der Hafen, Hamburgs Herz, war besonders betroffen. Er war wie gelähmt. Die Briten nahmen ihn vollständig in Beschlag und setzten einen „Port Controller" ein. Der Hafen war für den Nachschub der Besatzungstruppen unerlässlich. So kam es sogar sehr schnell zu den ersten Aufräumarbeiten und Reparaturen. Die „Hamburg Port Authority" berief einen Deutschen zum „General Manager", der den Wiederaufbau planen durfte.

Gleichzeitig begann das zerstörerische Werk der Demontage. Ganz oben auf der Liste standen natürlich Rüstungsbetriebe und jegliches Kriegsgerät. Allerdings blieb dabei unberücksichtigt, dass sich solche Betriebe umstellen konnten, ja häufig vor dem Krieg ganz friedensmäßig produziert hatten. Auch Panzer und Kriegsschiffe hätten so ausgeschlachtet werden können, dass ihre kostbaren Bestandteile zur Linderung der Not oder für den Export hätten genutzt werden können. Besonders empörte die Hamburger die Sprengung von Fischdampfern: Sie überschritten geringfügig die in Potsdam festgesetzte Größe und wären doch für die Ernährung der Bevölkerung lebenswichtig gewesen.

Die vor aller Augen durchgeführte Sprengung der größten Hamburger Werft Blohm & Voss war ohne offenen Protest hingenommen worden. Als jedoch eine Woche später die Zerstörung weiterer Werften fortgesetzt werden sollte, formierte sich im Senat und in der inzwischen ernannten Bürgerschaft deutlicher Widerstand. Bis auf die Kommunisten beschworen alle Sprecher die britische Militärregierung, den Termin der Sprengung hinauszuschieben. Bürgermeister Petersen drohte sogar mit seinem Rücktritt. Tatsächlich wurde die Sprengung ausgesetzt und erfolgte auch später nicht.

Bei den meisten Menschen war die Angst größer als die Hoffnung. Fragen an die Zukunft hatten einen pessimistischen Unterton. Sie sahen „unser Volk und unser Hamburg in tiefstes Elend und schwerste Trauer gestürzt, Verluste an Gut und Blut gebracht, die in Geschlechtern nicht wieder eingebracht werden können. Was wird das deutsche Schicksal sein? Wie wird sich Hamburgs Zukunft gestalten?" schrieb Paul de Chapeaurouge, vor 1933 Hamburger Senator, am 3. Mai 1945.

▲ *Wie durch ein Wunder war das Rathaus erhalten geblieben: Es wurde nur unwesentlich beschädigt, ausgebrannt war nur die Turmspitze oberhalb der stumpfen Pyramide. Rundherum aber hatten die Bomben gründlich gewirkt: Einer der beiden Blocks am Rathausmarkt war vollständig zerstört, so dass der Blick frei ist auf die Nicolai-Kirche, von der allerdings nicht viel mehr als der Turm stehen blieb. Für das Zusammengehörigkeitsgefühl der Hamburger war es gut, dass ihnen die symbolische Mitte und das politische Zentrum nicht abhanden gekommen waren.*

Ein Rundblick über das zerstörte Hamburg vom Wahrzeichen der Stadt aus, dem Michel: Nach Süden hin Leere bis zur Überseebrücke! Heute prangt dort das Verlagsgebäude von Gruner und Jahr (oben links).
Nach Südwesten hin fallen die imposanten Reste der Deutschen Seewarte auf dem Stintfang in die Augen. Heute steht dort der Flachbau der Jugendherberge (oben rechts). Nach Westen hin das Heiligengeistfeld mit dem später gesprengten Leitbunker und dem Flakbunker. Das Museum für hamburgische Geschichte scheint unversehrt; sechs Bomben hatten jedoch Fenster und Wände eingedrückt, so dass Wind und Wetter den nicht geborgenen Schätzen zusetzen (rechts).
Nach Norden hin die kahlen Flächen der Neustadt; heute erhebt sich dort der Komplex des Verlagshauses Axel Springer (unten links).
Nach Nordosten hin bis zur Stadthausbrücke fast nur noch Gerippe von Gebäuden, die später der Ost-West-Straße weichen müssen. Die Aufnahmen sind entstanden, nachdem viele Trümmerflächen geräumt waren (unten rechts).

▲ Ein Aufatmen im Osten zu Füßen des Michels: Um das Kleinod der Krameramtsstuben am Krayenkamp haben die Bomben offensichtlich einen Bogen gemacht. Die ursprünglich zu Beginn des 17. Jahrhunderts gebauten Gartenhäuser wurden später für die Witwen der Kleinhändler zu winzigen Wohnungen umgebaut und sind die ältesten Profanbauten der Innenstadt, nach wie vor eine Touristenattraktion.

▼ Die Bomben hatten Hamburg bis zur Unkenntlichkeit zerstört: Auf dem alten Domplatz in unmittelbarer Nähe zur Petrikirche war für die Gelehrtenschule des Johanneums ein repräsentatives Gebäude mit Bogengang gebaut worden; es beherbergte später die Staatsbibliothek, deren Bestände zu zwei Dritteln in den Flammen umkamen. Hier ist der Ursprung Hamburgs, die Hammaburg, gefunden worden, jetzt ein großer Parkplatz. Links ist noch Hamburgs Alter Fischmarkt zu ahnen.

▼ Zur „Traditionsinsel“ sollte der Cremon herausgeputzt werden, als Beispiel für die überkommene Hamburger Bürgerhausbebauung an den Fleeten, den kleinen Flussläufen zwischen Alster und Elbe: Nichts blieb von dieser Pracht erhalten. Von der Nicolai-Kirche im Hintergrund steht fast nur noch der Turm. Er dient heute als Mahnmal.

▲ Hier im Nicolaifleet lag einst der Anfang des Hamburger Hafens. Klassische Bürgerhäuser säumten die Uferstraße, den Grimm. Dahinter ist an den Resten kaum noch die Katharinen-Kirche zu erkennen. Auch hier wurde Platz geschaffen für die sechsspurige Ost-West-Straße.

▲ Leer und wüst: Hier stand der Stadtteil Hammerbrook, hier lebten vor dem Krieg 44756 Menschen, hier blieb kein Stein auf dem anderen. Über den Nagelsweg führte das Viadukt der Hochbahnstrecke vom Hauptbahnhof nach Rothenburgsort. Sie wurde abgerissen, denn auch dort wohnte kaum noch jemand.

▼ Hamburg kaputt: Der klassische Blick auf Stadt und Hafen für alle, die über die Elbbrücken kommen. Einsam sind die Straßen, leer die Hafenbecken, unbenutzt die Eisenbahnschienen. Kein Verkehr, keine Versorgung, kein Handel. Eine Metropole dem Untergang geweiht, ein Gräberfeld, die Kirchtürme wie Grabsteine.

▼ Zwischen Rödingsmarkt (links die Hochbahnstation) und Neuem Wall (rechts) fast nur öde Flächen und Ruinen. Die wichtigste „Durchgangsstraße“: der Graskeller. Das Gebäude der Oberfinanzdirektion scheint weitgehend funktionstüchtig geblieben zu sein. Es dauerte Jahrzehnte, bis hier auf der „Fleetinsel“ die Lücken geschlossen wurden. Besonders platziert hat sich das Steigenberger Hotel am Admiralitätsfleet (Mitte).

Die Auenstraße in Eilbek vom Turm der Versöhnungskirche: In Wellblechhütten haben die Überlebenden des Infernos Zuflucht gesucht. Diesem Bild sind alle Stufen der Zerstörung anzusehen: Sprengbomben räumten die Dächer weg, damit die Brandbomben ihr Ziel finden konnten; wie eine Fackel verbrannte das Innere der Häuser, bis auch die Außenwände einstürzten.

Das Ergebnis von mehr als 40 Großangriffen auf das Hafengebiet: Wie hier im Binnenhafen sah es an vielen Stellen aus. Wegen der fehlenden Kräne war ein Be- und Entladen nicht möglich. Häufig waren sogar die Kaimauern zerstört. Gerade einmal zehn Prozent der Umschlagkapazität im letzten Friedensjahr konnten erreicht werden.

Irgendwo und überall in Hamburg: dem Elend, der Hoffnungslosigkeit, der Ungewissheit zum Trotz der Wille zum Leben und zum Überleben.

So sah es noch jahrelang an den Kaianlagen aus: Schuppen und Gleisanlagen waren zerstört und wurden häufig nur provisorisch in Betrieb gesetzt.

Zu Tausenden lagen in der Elbe und im Hafen Schiffswracks und versperrten den Weg in die Hafenbecken. Die Fahrrinne der Elbe wurde allerdings bis zum Sommer 1945 geräumt, damit überhaupt Schiffe den Hamburger Hafen erreichen konnten. Die Deutschen mussten alle Schiffe über 1 500 Registertonnen abliefern. Jeder Außenhandelsverkehr mit eigenen Schiffen war den Deutschen verboten.

Die Sprengung der Helgen von Blohm & Voss am 22. Mai 1946: Die Werft galt als wichtigster Rüstungsbetrieb; bis zuletzt liefen hier U-Boote vom Stapel. 16 000 Menschen hatte die Werft beschäftigt. Das Kriegshandwerk sollte den Deutschen gründlich verdorben werden.

▲ Auch sämtliche Docks wurden abgeschleppt. Vor der Zertrümmerung hatten die Demontage-Trupps eine sorgfältige Auswahl getroffen: Die Hälfte der Maschinen wurde abtransportiert, die andere verschrottet.

▲ Die Bergung von Wracks zog sich Jahre hin: Bis Mitte 1947 konnten 2 500 versenkte Schiffe gehoben werden.

◀ Ein versenktes U-Boot im Reiherstieg.

Aus Rüstung wird Schrott: In mühsamer Arbeit werden U-Boote, Panzer und andere Waffen zerkleinert.

Die Entmilitarisierung tobte sich auch an den Bunkern aus. Sie erwiesen sich allerdings als besonders widerstandsfähig. Wie Berlin und Wien war Hamburg mit riesigen Flakbunkern ausgerüstet worden, auf dem Heiligengeistfeld und in Wilhelmsburg. Sie verfügten über meterdicke Wände. Die Sprengung des Leitbunkers in Wilhelmsburg erfolgte am 10. Oktober 1947: Es dauerte fünf Jahre, bis die Trümmer geräumt waren.

Eine Woche später zündeten die Sprengladungen im nahegelegenen Gefechtsbunker, einem neungeschossigen Ungetüm mit vier Rundtürmen für die Flakgeschütze. Stärke der Betondecke: 3,80 Meter. Zum Schutz der Umgebung beschränkten sich die Briten darauf, die Innengeschosse zum Einsturz zu bringen.

# ≈ HUNGERN UND FRIEREN ≈

Not und Verzweiflung breiteten sich ab Winter 1945 unter den Hamburgern aus. Es gab drei Quellen des Elends: Mangel an Ernährung, an Brennstoffen und an Wohnraum. Die Vorräte bei Kriegsende und der schöne Sommer hatten die katastrophale Lage nicht spüren lassen. Nun brach sie über Hamburg fast unvermittelt herein. Jahrelang war kaum Besserung in Aussicht.

An vieles, wie die Rationierung von Lebensmitteln, waren die Hamburger aus dem Krieg gewöhnt. Nun kamen alle Widrigkeiten zusammen: Zu Hunderttausenden drängten Menschen nach Hamburg hinein; ein Temperatursturz brachte bereits Mitte November den ersten Schnee, später strengen Frost bis minus zehn Grad; die Transportwege waren für Nachschub von Nahrungsmitteln und Brennstoffen nicht frei; Fahrzeuge und Maschinen waren verschlissen; die Reichsmark hatte ihren Wert verloren, die Preise stiegen ins Unermessliche.

Schon im Sommer 1945 wurden die Zuteilungen auf Lebensmittelkarten gekürzt: Jedem Hamburger standen im Schnitt nur 1 500 Kalorien zu, pro Woche ein Brot, drei Pfund Kartoffeln und 200 Gramm Fleisch oder Wurst. Der Schock kam Ende Februar 1946: Von allem wird nur noch die Hälfte ausgegeben. Dem „Normalverbraucher“ standen 1 014 Kalorien zu, werdende und stillende Mütter sowie Schwerstarbeiter erhielten das Doppelte. Die „Hungerrationen der Siegermächte“ riefen Verbitterung und Hass hervor. Ein Stimmungsbericht der Polizei zitiert als weit verbreitete Meinung: „Hätten wir nur wieder den Nationalsozialismus.“

Im Kampf gegen den Hunger griffen die Menschen zur Selbsthilfe. Ein primitiver Selbsterhaltungstrieb ließ die Hemmungen vor Straftaten schwinden; zu kurz kamen dabei die Schwachen und Armen. Die Lebenskraft schwand, Krankheiten breiteten sich aus, Menschen starben an Auszehrung. Im Juli 1946 wurden die Zuteilungen erneut gekürzt; der Normalverbraucher musste sich nun mit 800 Kalorien begnügen. In den Zeitungen der Besatzungsmacht wird darauf hingewiesen, dass in anderen Ländern auch der Hunger herrscht: So müssten sich Chinesen und Inder mit durchschnittlich 1 200 Kalorien zufrieden geben. Die Geduld der deutschen Bevölkerung wird gelobt; aber es ist wohl viel Apathie dabei.

Einziger Lichtblick ist die Hilfe internationaler Organisationen: Ein „Zentralausschuss für die Verteilung ausländischer Liebesgaben“ sorgte für die Unterstützung der besonders Bedürftigen. Berühmt sind die CARE-Pakete aus den USA, die Lebensmittel für 10 Dollar enthielten. Ein britisches Hilfsprogramm vom Januar 1946 verkündete, dass alle Schulkinder täglich für 10 bis 50 Pfennig eine warme Mahlzeit erhalten sollten, abwechselnd süße Suppe und Sojagrütze. Das Schwedische Rote Kreuz sorgte für Kinder im Vorschulalter. Für die alten Menschen traten kanadische Mennoniten ein. Weitere Spenden kamen aus Dänemark und der Schweiz. Gekocht wurden die meisten Suppen in der Großküche des Deutschen Roten Kreuzes in der Lagerstraße und von dort in mehr als 800 Ausgabestellen gefahren.

▼ *Zwei Geschwister Hand in Hand auf dem Weg zu einer Ausgabestelle für Suppen. Warme Kleidung, ein kleiner Topf, ein Löffel im Knopfloch und entschlossene Zuversicht sind ihr Kapital.*

Den Kampf gegen die Kälte hatten die Hamburger im Winter 1945/46 einigermaßen überstanden: Es gab zwar häufig Stromsperren, die Bahnen fuhren nur morgens bis 9, nachmittags von 15 bis 18 Uhr und sonntags gar nicht. Zum Heizen und Kochen griff man auf Brennholz zurück: In und um Hamburg wurde Holz geschlagen, 14-mal soviel wie sonst in einem Jahr.

Der nächste Winter, der Mitte Dezember 1946 mit den ersten Minustemperaturen einsetzte und erst Mitte März 1947 mit Tauwetter endete, fand das abgeholzte Hamburg ohne jegliche Reserven und brachte es an den Rand der Katastrophe. Es war der schrecklichste Winter seit Menschengedenken. Anfang Januar verfügen die Hamburger Elektrizitätswerke über einen Kohlenvorrat von vier Tagen; es wird mehr Kohle verbraucht als geliefert wird. Hunderte von Betrieben schließen wegen Strommangels; am 13. Februar wird der Hochbahnring stillgelegt. Am selben Tag werden 715 Kohlendiebe festgenommen, darunter ein Staatsanwalt und ein Geistlicher. Von sechs Kohlenwaggons ist einer leer geplündert. Schneestürme decken das Land mit Verwehungen zu. Die Schulen nehmen den Unterricht auf, damit sich die Kinder aufwärmen können und werden wieder geschlossen. Sämtliche Haushalte werden erst acht, dann nur noch zwei Stunden am Tag mit Strom versorgt. Einen Massenandrang erleben ungeheizte Theater und Kinos, wo sich die Menschen gegenseitig wärmen können. Hamburgs Bürgermeister Brauer richtet einen Hilferuf an die britische Militärregierung: „Gehandelt werden muss sofort, wenn nicht allein in Hamburg in kürzester Frist viele Tausende dieser Katastrophe zum Opfer fallen sollen.“ Anfang März trifft wieder genügend Kohle ein. 85 Todesopfer durch Erfrieren sind zu beklagen.

Die Wohnungsnot war durch die schrecklichen Winter zusätzlich verschärft worden: Mehr als 200 000 Menschen, überwiegend Ausgebombte, Flüchtlinge und Vertriebene, waren behelfsmäßig untergebracht, in Lagern, Bunkern, Nissenhütten, Kellern und Lauben. Es gab weder Neubauten noch reichten die Baumaterialien, um genügend Wohnungen instand zu setzen. Außerdem requirierte die Besatzungsmacht Wohnungen und Büros für ihr Personal, meistens gleich mit dem gesamten Mobiliar und vornehmlich in den unzerstört gebliebenen Stadtteilen.

Warnende Stimmen wiesen darauf hin, dass das „deutsche Volk in dieser Lage den kommenden Winter nicht überstehen“ könne. Alarmiert waren vor allem die Amerikaner, die mit dem Marshall-Plan auch eine Wende der Deutschland-Politik einleiteten. Für 1947 galt allerdings noch: „Trotz der Erklärung Hamburgs zum Notstandsgebiet trat keine entscheidende Besserung in der Versorgung ein.“

▲ *In einer schlecht geheizten Notwohnung im Winter 1946/47: Auf den Müttern lag die Last, aus den wenigen Nährmitteln etwas Schmackhaftes zuzubereiten.*

▲ Kindermode im Mai 1946: Die Mädchen und Jungens hatten froh zu sein, überhaupt etwas „Anständiges“ anzuziehen zu haben. Die Kleidungsstücke wurden nacheinander aufgetragen. Wo sich drei Viertel der Kinder ihre Schlafstelle mit Geschwistern teilen mussten, gab es auch keine Kleiderschränke.

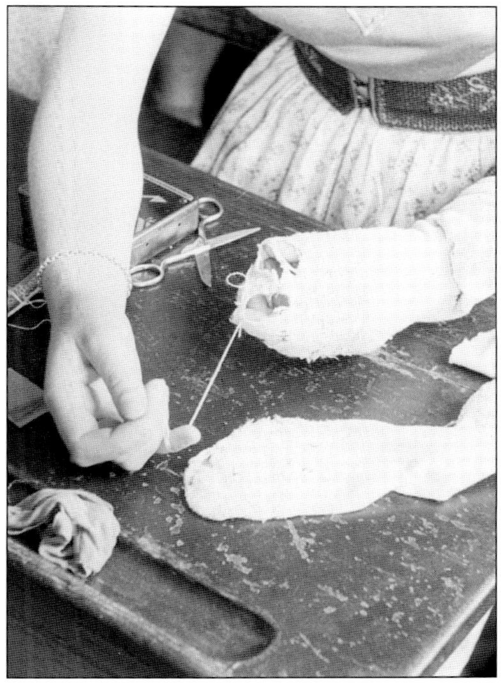

▲ Die Kleidung wurde immer mehr zerschlissen: Irgendwo musste immer etwas gestopft werden Ein Wegschmeißen gab es nicht.

Der Mangel an Kleidung und festem Schuhwerk machte sich bei den schnell wachsenden Kindern besonders bemerkbar: Ihre Füße sind auf vielen Fotografien als Beleg für das große Elend abgebildet worden.

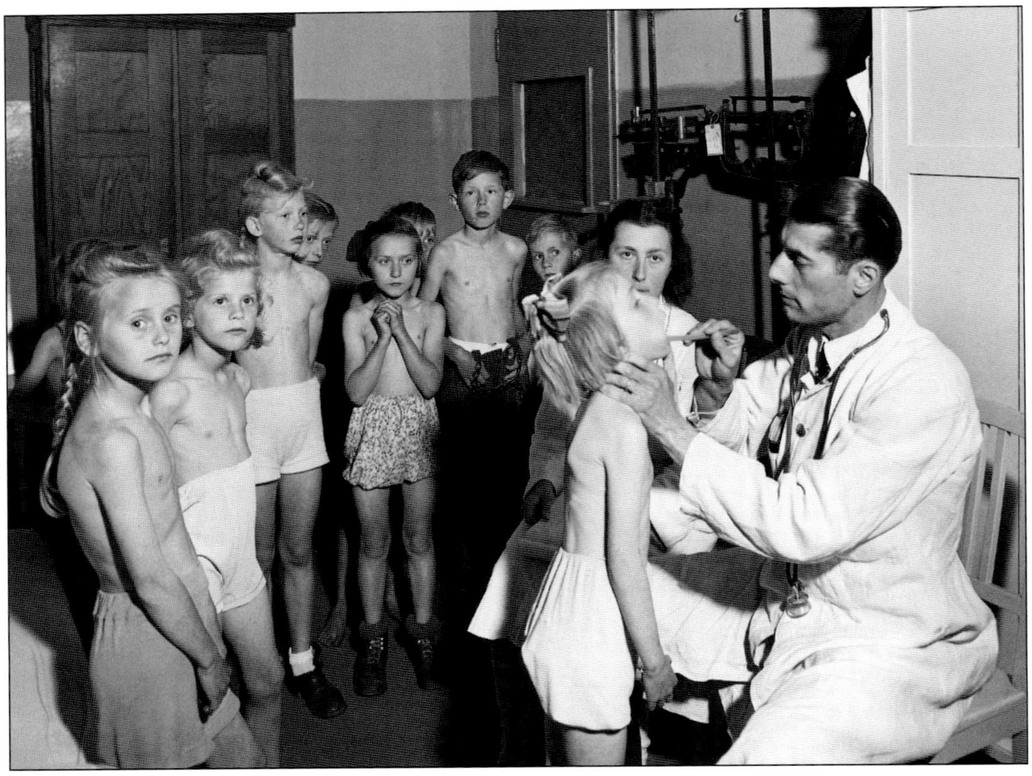

◀ Eine Untersuchung im Sommer 1946 ergab, dass 75 bis 80 Prozent der Kinder und Jugendlichen unterernährt sind und nicht die ihrem Alter entsprechende Körpergröße haben.

◀ Warten bis der Schlachter öffnet: Man hatte zwar Anspruch auf ein paar Gramm Fett und Fleisch, aber häufig waren die Lieferungen ausgeblieben. Solche Schlangen gab es auch vor Bäckerläden und anderen Geschäften, wenn sie überhaupt geöffnet hatten. „Feinkost“ war auf den Lebensmittelkarten nicht vorgesehen.

▼ Aufgeschreckt durch die Berichte machte sich der britische Verleger Victor Gollancz im Oktober 1946 auf eine Reise durch die „dunkelsten Teile“ der britischen Besatzungszone. Er besuchte Notunterkünfte, Schulen und Krankenhäuser. Er schrieb an Zeitungen und veröffentlichte ein Buch mit diesen Bildern, um eine menschlichere Besatzungspolitik zu erreichen.

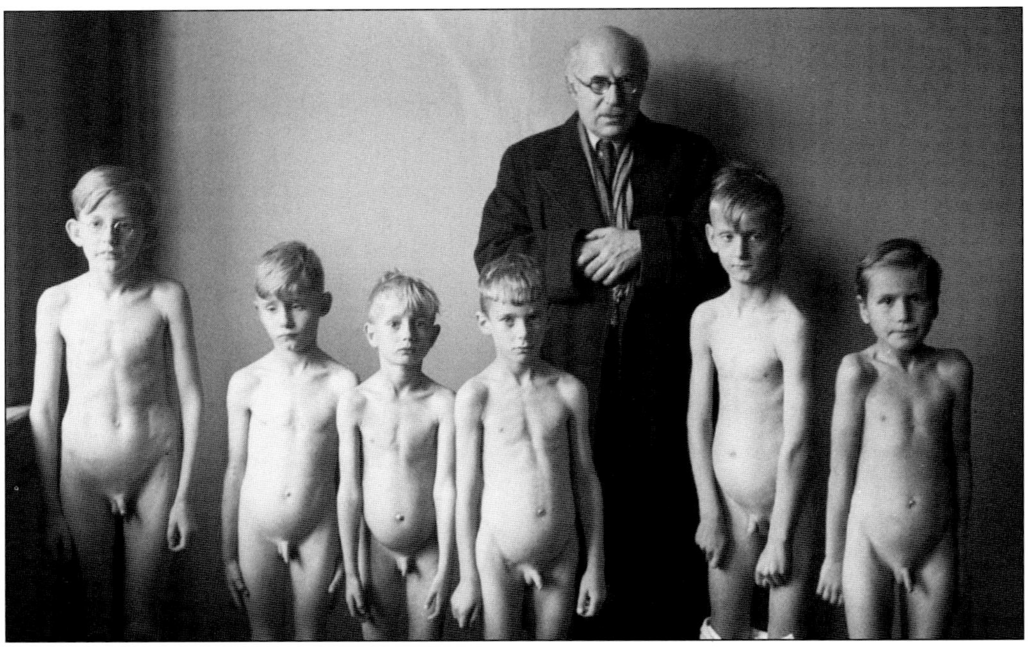

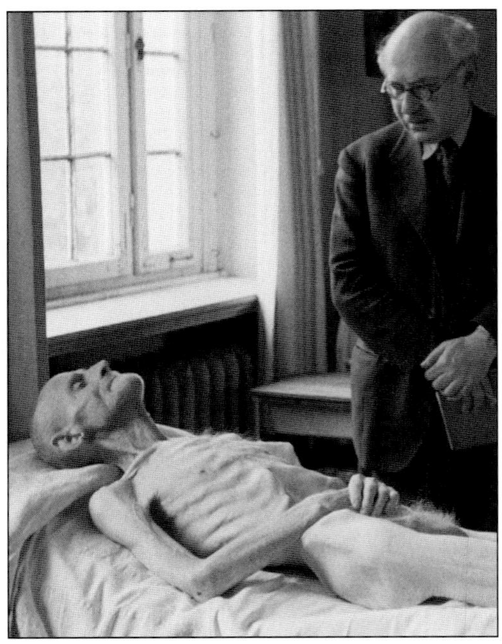

◀ Anstellen für einen Schlag Suppe: Auf den Gesichtern der Mädchen in der Schule am Klopstockplatz in Altona zeigt sich ein Schmunzeln, so als ob ihnen eine besondere Abwechslung im Speiseplan angekündigt worden ist, vielleicht eine Nudelsuppe mit Sojaflocken, Tomatenmark und Fleischeinlage.

▼ Wie die Hamburger nach dem Krieg auf Reisen gingen. Hier vom Hauptbahnhof starteten auch die „Hamsterzüge“ in die Umgebung, wo man beim Bauern etwas einzutauschen hoffte. Wer nicht über begehrte Tauschobjekte wie silberne Bestecke, kostbare Uhren oder Schmuck verfügt, braucht es gar nicht erst zu versuchen.

◀ In der Schule Brucknerstraße löffeln die Kinder ihr Essgeschirr unter Aufsicht leer.

▼ Bei der Verteilung der „Schwedenspeisung“ an die Drei- bis Sechsjährigen wird genau Buch geführt, obwohl das Alter nicht immer so genau genommen wird.

Die Mennoniten verteilten für 3 500 Hamburger im Alter von über 70 Jahren jeden zweiten Tag ohne Marken und kostenlos eine Suppe und ein Brötchen.

Als Brennmaterial wird auch auf Torf zurückgegriffen. Im Herbst 1946 werden 60 000 Tonnen verteilt, pro Kopf sind das 50 Kilogramm. Zum weiteren Trocknen werden sie zu Pyramiden aufgebaut.

▼ ▶ Mit dem Notdürftigsten müssen sich die meisten Hamburger im Winter 1946/47 behelfen: Wie soll man die Löcher in der Laube ohne Baumaterialien stopfen? Wie schmeckt die „täglich frische Brühe“ in dem dunklen Verschlag?

▲ Die meisten Wohnungen in Hamburg sind mehrfach belegt: Diese Küche in der Lammstraße 36 wird von zwei Familien benutzt.

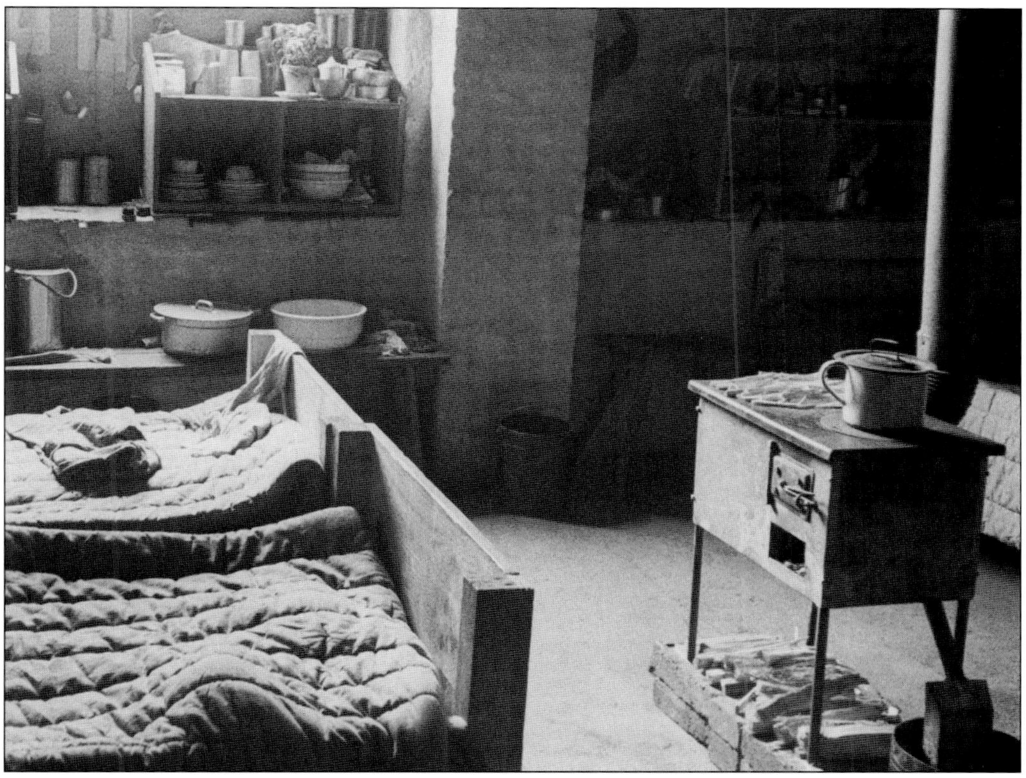

Zimmer in einem Lager an der Stadthausbrücke. Das „Hamburger Nachrichten-Blatt“ der Besatzungsmacht gab Tipps für die Einrichtung: „Benötigt wird nur guter Wille zur Verträglichkeit. Mit kleinen Mitteln, in denen besonders die Frauen so erfinderisch sind, sollte es auch möglich sein, einen Hauch deutscher Gemütlichkeit hineinzutragen.“

Holztransport für die Schule Bramfeld: Bevor das große Abholzen im Winter 1945/46 begann, wurde in den Parks und Wäldern Brennholz gesammelt und auf Vorrat gelegt.

Eines der seltenen Bilder mit einem schwer Kriegsbeschädigten: Insgesamt lebten 60 000 Schwerbeschädigte in Hamburg, die unter den schrecklichen Verhältnissen noch mehr zu leiden hatten.

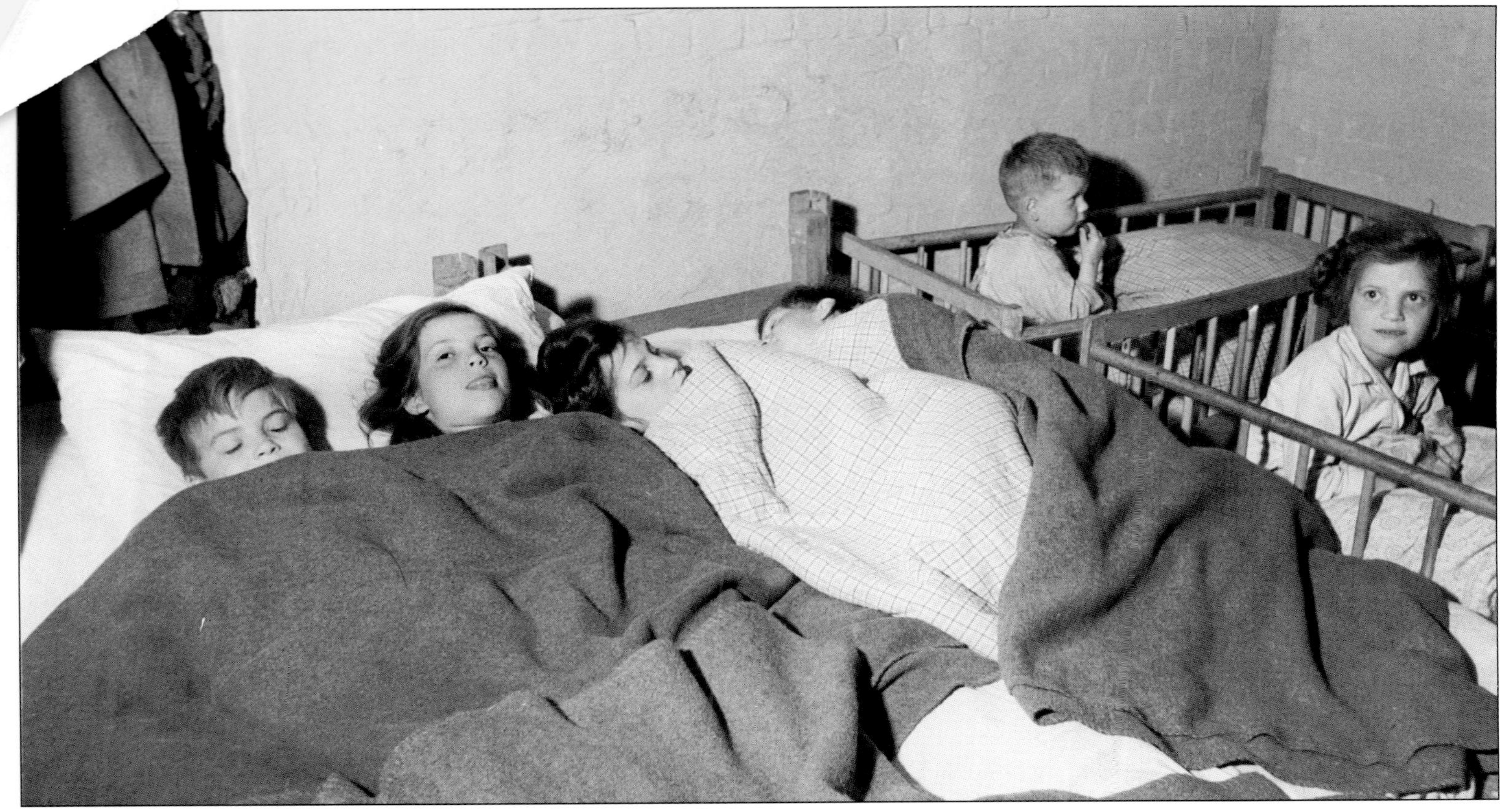

Eine Kellerwohnung in der Röperstraße in Altona: Hier leben zwei Erwachsene und neun Kinder.

Im April 1947 erwachte in den Lagern wieder neues Leben. Von diesen Nissenhütten gab es in Hamburg 2 200. Auch mit Ofen waren sie nur bedingt winterfest. Vorwiegend Flüchtlinge und Vertriebene lebten in diesen behelfsmäßig errichteten Lagern immer in der Hoffnung, dass dies nur ein Übergang sein würde.

# ≈ DAS GROSSE AUFRÄUMEN ≈

Hamburg hatte nach Berlin die größten Trümmerberge zu beseitigen. Die Arbeit eines halben Jahrhunderts war zerstört. Am liebsten hätte man wohl alles in der Nordsee versenkt. Das Aufräumungsamt am Heiligengeistfeld musste drei Fragen klären: Wer macht die Arbeit? Wo fangen wir an? Wie verwerten wir den Schutt?

Vor Kriegsende hatte man Fremdarbeiter, Kriegsgefangene und KZ-Häftlinge eingesetzt; nun ordnete die Besatzungsmacht für „unerwünschte körperliche Arbeit" entlassene Mitglieder der NSDAP ab. Außerdem wurden alle männlichen Personen vom 17. bis zum 65. Lebensjahr zur Aufräumung verpflichtet; an diese Männer wurden 1946 Lebensmittel nur ausgegeben, wenn sie nachweisen konnten, dass sie jeweils 100 Ziegelsteine abgeklopft hatten. Zunehmend wurden auch Maschinen für die Bergung der Trümmer eingesetzt.

Zunächst sollten die Straßen und Bürgersteige der Innenstadt geräumt werden, um das Geschäftsleben zu erleichtern. Bereits im Juli 1945 konnten die ersten Straßenbahnen wieder durch die Ferdinandstraße rollen; im November wurde auch die Mönckebergstraße für den öffentlichen Nahverkehr geöffnet. Anschließend kamen die Ausfallstraßen an die Reihe, um Verkehr und Handel mit dem Umland zu verbessern. Nach einem Jahr waren weniger als fünf Prozent der Trümmer beseitigt; in den zerbombten Stadtteilen konnte man sich leicht ausrechnen, dass es etwa bis 1965 dauern würde, um überall trümmerfrei leben zu können. Der Stadtkämmerer, wie sich der Finanzsenator damals nannte, hoffte allerdings, das Tempo verdoppeln zu können.

Die Bergung von einem Kubikmeter Schutt kostete nach damaligem Stand 13 Reichsmark. Trümmergut war zu Allgemeingut erklärt worden, da die Grundeigentümer später entschädigt werden sollten. „Trümmer-Trennung" war also sinnvoll und gestattet: Innerhalb von zwei Jahren wurden Millionen von Ziegelsteinen, Tonnen von Eisen und anderen Metallen sowie Fenster, Türen, Heizkörper, Öfen, Herde und Stromzähler geborgen. Den restlichen Bauschutt kippte man in Gewässer wie Fleete und Binnenalster sowie in Kiesgruben. In Öjendorf entstand ein Trümmerberg.

Eine besonders gefährliche Aufgabe bei den Aufräumungsarbeiten hatte das Bombensprengkommando. Zu Hunderten wurden Blindgänger, Sprengbomben mit Zeitzünder, Brandbomben sowie Geschosse, Granaten und Munition gefunden; sie mussten vorsichtig geborgen und entschärft werden.

So manches beschädigte Haus hätte vor dem Verfall gerettet werden können, wenn Baustoffe vorhanden und geliefert worden wären. Trotzdem begannen bereits 1945 an vielen Stellen Instandsetzungsarbeiten. Bevorzugt waren allerdings die „BMW-Betriebe", wie es damals hieß: Bäcker, Metzger, Wirte und andere Sachwertbesitzer konnten ihren Lieferanten Besseres bieten als die entwertete Reichsmark. Die ersten Neubauten von Wohnungen gab es 1947, und zwar ganze 150.

Allerdings nahm die Besatzungsmacht ein großes Bauprojekt in Angriff: Hamburg sollte „Hauptstadt" der Britischen Zone werden und das Hauptquartier sowie die zentralen Behörden aufnehmen. Vergeblich erhob Bürgermeister Petersen Einwände unter Hinweis auf die beengten Raumverhältnisse: Die Arbeiten für das „Hamburg-Project" begannen Anfang 1946; sie endeten Anfang 1947 mit der Bildung der Bi-Zone, deren gemeinsame „Hauptstadt" Frankfurt am Main wurde.

*Mitten in der Innenstadt bei der Trostbrücke: Zunächst standen die Hamburger den Trümmerbergen mit bloßen Händen gegenüber. Für die Räumung waren auch Frauen eingeteilt worden. Es war verpönt, abseits zu stehen. Im Hintergrund das ausgebrannte Patriotische Gebäude, rechts die Commerzbank.*

◀ Der Einsatz von Räumgerät und Maschinen war unerlässlich. Häufig fehlte es jedoch an Treibstoff. Rund um den Michel war ein großer Teil des einige Jahrzehnte zuvor sanierten Gebiets der südlichen Neustadt gründlich zerstört worden.

▼ Die Straßenbahn als Trümmerbahn: Auf extra gelegten Gleisen zieht sie die mit Schutt gefüllten Wagen aus der Innenstadt an den Stadtrand.

▲Zuschüttung des Steckelhörnfleets auf dem Cremon. Zwischen den Häusern führt heute eine schmale Straße durch. Das halb zerstörte Kirchenschiff von St. Nicolai ist im Hintergrund zu erkennen.

▲Mit Bauschutt gefüllte Schuten warten im Bleichenfleet auf den Abtransport. Die traditionelle Einfahrtstrecke von Westen aus in die City, Ellerntorbrücke und Alter Steinweg rechts, sind bereits geräumt.

▼Von den Loren der kleinen Trümmerbahn wird der Schutt in die Gräben der Wallanlagen zwischen dem Museum für hamburgische Geschichte (im Hintergrund) und dem Ziviljustizgebäude gekippt.

▼ Unter Aufsicht von Lehrern packten auch Schüler mit an. Die Bombe, die auf die Gorch-Fock-Schule fiel, war eine der wenigen, die den Vorort Blankenese traf.

▶ Einer von 326 Millionen Backsteinen, die aus dem Trümmerschutt geborgen und wieder verbaut wurden.

▼ Aufnahmen aus Barmbek 1947/48: Der Kampf gegen die Trümmer wurde mit Sorgfalt betrieben; jeder gerettete Stein schien wertvoll für den Wiederaufbau.

◀ ▲ Man sieht dem Mauerwerk und den Gesichtern den Stolz auf die geleistete Arbeit an: Richtfest für eine der 1948 fertiggestellten etwa 5 000 Wohnungen.

Das gefährliche Handwerk der Bombenbergung forderte immer wieder Opfer: Anfang Oktober 1945 explodierte eine britische 500-Pfund-Bombe, als Wilhelm Westermann vom Bombensprengkommando sie entschärfen wollte. Sprengmeister Walter Merz entschärfte bis zu seiner Pensionierung 1961 fast 5 000 Bomben.

In Trümmeraufbereitungsanlagen wurde der Bauschutt zu Splitt zermahlen und anschließend wieder zu Steinen geformt.

Das einzige größere Bauprojekt in Hamburg betrieb die Besatzungsmacht: Hier am Grindel wurde 1946 Platz geschaffen für Wohn- und Bürohochhäuser, wo die Mitarbeiter der „hauptstädtischen" Militärverwaltung angemessen leben und arbeiten sollten. Nachdem das „Hamburg Project" aufgegeben war, lagen die Fundamente jahrelang unbenutzt da.

# ≈ NEUES LEBEN IN RUINEN ≈

Allmählich erwachten die Hamburger aus ihrer Betäubung und begannen, sich für das Leben über den Tag hinaus zu interessieren. Rückkehrer hatten bemerkt, dass die Hamburger gleichgültiger und langsamer als früher waren. Im Sommer 1947, nach Beseitigung der schlimmsten Nachkriegsnot, sah die Zukunft wieder etwas heller aus.

Bei einem ersten Rundflug stellte der Senatssprecher Erich Lüth fest: „Aus der Luft schien die Schönheit der Stadt viel weniger angetastet als von unten.“ Er war überzeugt, dass die Wunden des Krieges schnell geschlossen werden könnten, wenn nur erst Material vorhanden und die Initiative sich frei entfalten kann. Er beobachtete, dass die Hamburger begannen, „als ob“ zu leben: Als ob Hamburg bald wieder eine lebendige und bedeutende Welthandelsstadt werden würde.

Am schwersten hatten es sicher die meisten älteren Leute, die noch die friedfertigen Zeiten des Kaiserreichs erlebt hatten; vor großen Problemen standen die 30- bis 50-Jährigen, die sich in ganz ungewohnte Friedenszeiten hineinfinden mussten; gar nicht leicht hatten es die jungen Leute: viele als Kriegsheimkehrer verstümmelt, ohne Berufsausbildung, ohne Familie, ohne Zuhause; diese Gruppe war zu einer Minderheit geschrumpft.

▲ *Die Welt der Kinder in der Stadt: Trümmerschutt, offene Dächer, kein Putz an den Wänden und kein Glas in den Fenstern – aber ein Spielplatz. Die altertümliche Bezeichnung „Paradieshof“ (Zugang vom Steinweg) für dies idyllische Ensemble muss damals sehr ironisch geklungen haben.*

Am wenigsten schienen die Kinder zu leiden: Sie kennen gar keine anderen Lebensumstände und können unbekümmert sein. Die Volksschulen waren seit August 1945 wieder geöffnet. Geordneter Unterricht ist selten: Mehr als die Hälfte der Schulgebäude war teilweise oder ganz zerstört und ein Viertel der Lehrkräfte war aus politischen Gründen entlassen worden; auf neu ausgebildete Lehrer würde man mindestens drei Jahre warten müssen. Es gab also viel lehrreiche Abwechslung in den Schulen, wo was lernte, wer wollte.

Viele Jugendliche, beeinflusst durch die nationalsozialistische Erziehung, irren orientierungslos durch Hamburg: Es ist nicht unmöglich, eine Lehrstelle zu bekommen; wer aber in falsche Hände gerät, hält es für lohnender, Geschäfte auf dem Schwarzen Markt zu machen und andere Gaunereien zu begehen. Die Fürsorge hilft, wo sie kann, und hofft auf ein Gesetz, das Maßnahmen zur „Arbeitserziehung“ vorsieht. Neue Jugendorganisationen werden gegründet. Viele machen sich Hoffnung auf die Wiedereröffnung der Universität zum Wintersemester 1945/46: Der durch Säuberungen geschrumpfte Lehrkörper kann jedoch nicht mehr als 2000 Studenten verkraften; es gibt 10000 Anmeldungen. Vor allem die jüngeren Jahrgänge müssen warten und zunächst ihr „Not-Abitur“ zu einer richtigen Reifeprüfung aufwerten.

Auch die Wirtschaft muss sich zunächst mit „kleinen Brötchen“ begnügen, kein Maschinenbau, sondern Textilien, Spielzeug und Kunstgewerbe. Die großen Fabriken werden aufgeräumt, aber warten auf Aufträge. Kleinere Firmen sind flexibel und reagieren mit ihren Angeboten eher auf die Bedürfnisse der alltäglichen Notlage. Von einer Krisenwende mochte man Ende 1947 noch nicht sprechen; die Hoffnung konzentrierte sich auf den Marshall-Plan. Tatsächlich kam der Aufschwung im folgenden Jahr. „Je dunkler die Nacht, desto näher der Tag“, hieß es.

Das politische Leben erwachte ebenfalls: Mitglieder und Anhänger der ehemaligen Parteien kamen zusammen, einige aus der Haft, einige aus dem Exil, und überlegten, wie es mit ihnen weitergehen solle. Die Ablehnung der „braunen Diktatur“ stand natürlich im Vordergrund; „linke“ und religiöse Grundstimmungen waren weit verbreitet. Das politische Interesse war allerdings nicht sehr ausgeprägt; gegenüber Ankündigungen und Versprechungen war man sehr misstrauisch geworden. Die Absicht der Besatzungsmacht, eine „neue Demokratie“ aufzubauen, sorgte zuweilen für Skepsis, aber auch Heiterkeit, wenn man an die alten demokratischen Traditionen in Hamburg dachte.

Es etablierte sich ein „Vier-Parteien-System“: Zunächst organisierten sich Sozialdemokraten und Kommunisten neu; sie konnten auf alte Programme und Satzungen zurückgreifen. Eine Zeitlang planten sie sogar, sich zu einer gemeinsamen sozialistischen Partei zusammenzuschließen. In Anknüpfung an die Tradition eines fortschrittlichen Liberalismus entstand die Freie Demokratische Partei. Andere bürgerliche Kräfte machten den Versuch, einen überkonfessionellen Zusammenschluss zu erreichen, und bildeten die Christlich-Demokratische Partei (später Union).

Diese vier Parteien wurden am 21. November 1945 von der Militärregierung offiziell zugelassen: Nun konnten sie öffentlich auftreten und für sich werben. Jede Partei erhielt dafür Anfang April 1946 „ihre“ Zeitung; aus Papiermangel erschienen diese nur zweimal die Woche. Bald darauf begannen die Vorbereitungen für den Wahlkampf einer neuen Bürgerschaft; am 13. Oktober 1946 erreichte die SPD 43,1, die KPD 10,4, die FDP 18,2 und die CDU 26,7 Prozent der Stimmen; die anderen 25 Parteien kamen auf 1,1 Prozent. Der zum Bürgermeister gewählte Sozialdemokrat Max Brauer bildete eine Koalition mit KPD und FDP, um die Last der unpopulären Maßnahmen zu teilen.

Der Hunger nach Abwechslung von den täglichen Sorgen war groß: Öffentliche Vergnügungen waren nach der Niederlage von Stalingrad und dem Feuersturm vom Sommer 1943 verpönt, auch Tanzveranstaltungen waren verboten. Ab Ende Juli 1945 spielten zehn Kinos wieder Filme, darunter „Das Bad auf der Tenne“; im Juni 1947 hatte Helmut Käutners erster Nachkriegsfilm „In jenen Tagen“ in Hamburg Premiere. Neue Theater führten moderne Stücke auf (im November 1947 Borcherts „Draußen vor der Tür“). Musik gab es für jeden Geschmack und auch sonst war man nicht sehr wählerisch: Trotz vieler Zerstörungen belebte sich die Amüsiermeile der Reeperbahn sehr bald, allerdings weniger mit Seeleuten als mit Geschäftsleuten aus der Provinz.
Bei den Sportveranstaltungen gab es kaum eine Unterbrechung, weder beim Fußball noch beim Boxen noch beim Trabrennen. Für kurze Zeit konnten die Hamburger dem grauen Alltag entfliehen.

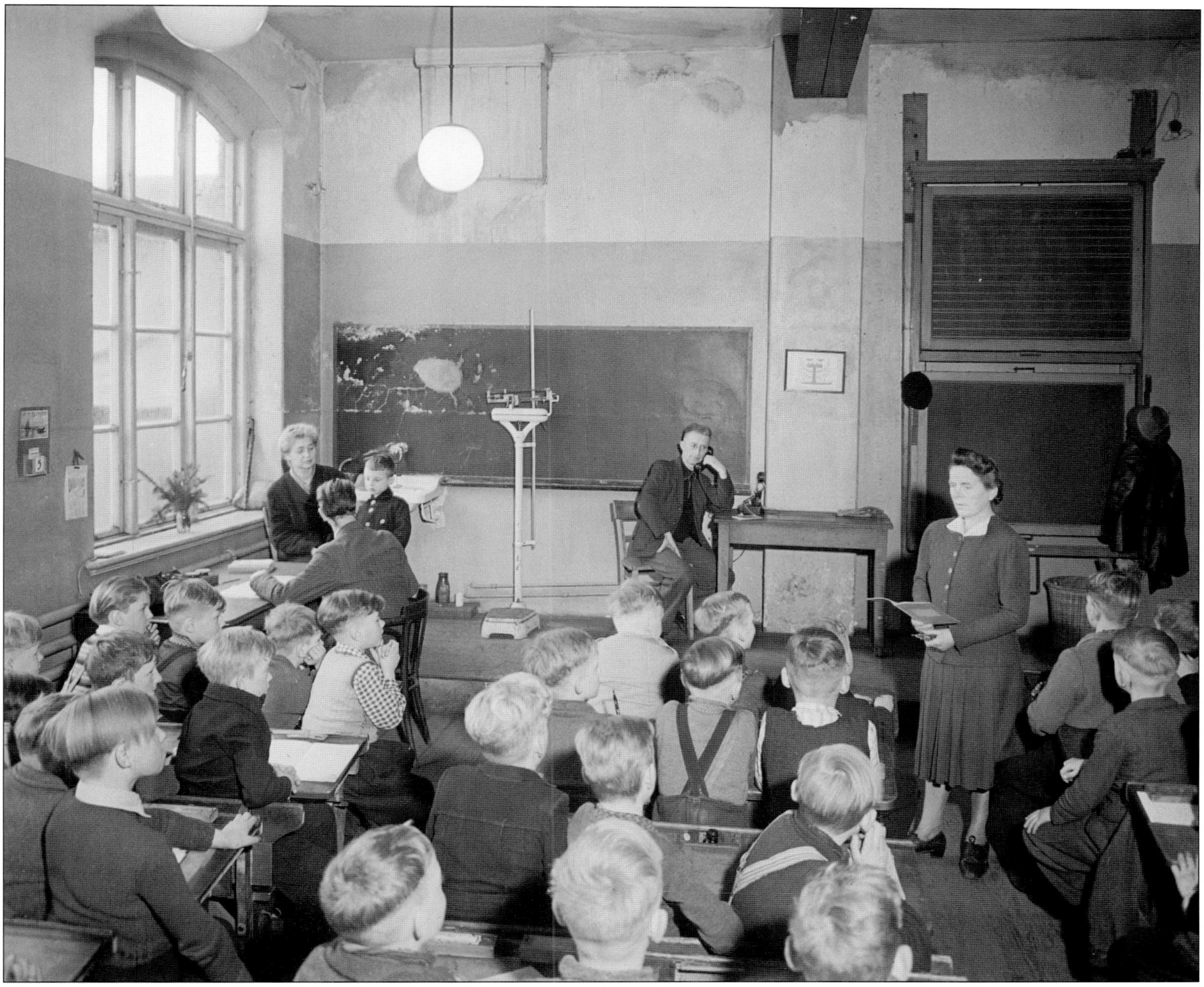

Diese Schulklasse muss sich den Raum teilen mit dem Schulleiter, dem Schulbüro und dem Untersuchungszimmer.

Lange Wege mussten im fast zerstörten Stadtteil Hamm zur nächsten halbwegs unzerstörten Schule zurückgelegt werden. Neben dem Ranzen war das Ess-Geschirr wichtigstes Utensil. Der guten Stimmung der Erstklässler tut das keinen Abbruch.

Erwartungsvolle Blicke sind auf die Lehrperson gerichtet: Wir wollen etwas lernen. Schiefertafel und Griffelkasten liegen bereit. Der Fotograf hat in dieser Klasse der Schule Jugendstraße in Stellingen 65 Schüler gezählt.

Ein Kindertagesheim in Langenhorn: Beine breit und durchkrabbeln hieß die Aufgabe. Viele Kinder hatten ihren Vater im Krieg verloren, die Mutter musste einer Arbeit nachgehen.

◀ Sommer im Köhlbrandbad am südlichen Elbufer Die Schiffswracks waren allerdings ein gefährliches Spielzeug. Viele Kinder verloren beim Hantieren mit Munition ihr Leben oder wurden verstümmelt.

▼ Ein Kleinbetrieb mit einer Werkstatt von 12,5 Quadratmetern im März 1947: Hier arbeiten 15 Frauen und reparieren Strümpfe. Der Wandschmuck verkündet: „Wer rastet, der rostet."

▼ Am 6. November 1945 wurde in der Musikhalle die „Universität Hamburg" wieder eröffnet. Senator Landahl gedachte der Studenten, die im Krieg den Tod gefunden haben, besonders der Münchner Studenten und ihres Professors, die für ein „freies und rechtliches Deutschland" starben. Nach der Wiederherstellung des Hauptgebäudes 1947 konnten fast 5 000 Studenten zugelassen werden. Es waren keine „normalen" Studenten: Sie sind zwischen 25 und 30 Jahre alt, haben viele Jahre Kriegsdienst oder Gefangenschaft hinter sich; viele Studentinnen sind Witwen und müssen für Kinder sorgen.

Ein notdürftig eingerichteter Büroraum im Hochbunker auf dem Heiligengeistfeld. Die Ausstattung: drei Tische, ein paar Stühle, ein Stromkabel aus der Decke und ein langes Ofenrohr.

Hamburgs Flaniermeile vom Petriturm aus: Im Sommer 1947 belebt sich die Jungfernstieg; freie Parkplätze sind ohne weiteres zu finden. Es dauert allerdings noch einige Jahre, bis ein bescheidener Nachfolgebau des Alsterpavillons entsteht. Im Alstereck, dem früheren Prien-Haus, residiert die Besatzungsmacht.

Die Straßenbahnschaffnerinnen haben gut lachen: Sie verrichten einen wichtigen und krisenfesten Job.

Bei Sonnenschein wirkt selbst in einem Nissenhütten-Lager das Leben erträglich. In den zwölf Meter langen und fünf Meter breiten Hütten sollten 20 bis 25 Menschen Platz finden. Als Verbesserung galt es, wenn die Hütten geteilt wurden, um zwei Familien unterzubringen.

Jedes Fleckchen wurde genutzt, um etwas anzubauen und die kargen Lebensmittelzuweisungen aufzubessern. Den Kleingärtnern wurde vorgerechnet, dass auf 400 Quadratmetern der Gesamtbedarf einer sechsköpfigen Familie an Gemüse angebaut werden könne.

Die Sozialbehörde verwaltete 37 Heime, Bunker und Lager mit insgesamt etwa 12 000 Plätzen. Hier warteten Flüchtlinge, Vertriebene und Ausgebombte oft jahrelang auf die Zuweisung einer richtigen Wohnung.

◀ Rote Fahnen zwischen Trümmern: Es wurde versucht, Traditionen der Arbeiterbewegung wieder zu beleben. Im Laufe des Jahres 1946 stieg die Zahl der SPD-Mitglieder von 12 000 auf 44 000. 44 Prozent waren Arbeiter, 20 Prozent Hausfrauen und 16 Prozent Angestellte.

▶ Ein Spruchband am zerstörten Portal des Altonaer Bahnhofs: Die Kommunisten orientierten sich mit ihren Schlagworten an Sprachregelungen der im April 1946 geschaffenen „Einheitspartei" in der Sowjetischen Besatzungszone.

◀ Die Moorweide vor dem Dammtorbahnhof war neben Planten un Blomen ein beliebter Aufmarschplatz für politische Kundgebungen. In Erinnerung an den Kampf gegen den Kapitalismus wurden alte Parolen wieder hervorgeholt.

▼ Musik gehörte zur Demonstration dazu: Jugendliche sollten durch „überparteiliche" Parolen geworben werden. Aus der SPD-Arbeitsgemeinschaft Kinderfreunde wurden später wieder die „Falken".

Die wiedergewonnene Demokratie erprobte sich sogar gegen die Besatzungsmacht. Die „Friedens"-Parole war allerdings für eine Veranstaltung in Ost-Berlin in Beschlag genommen worden. Im Hintergrund ist das zerstörte Gebäude des Zoologischen Museums am Steintorplatz zu sehen, wo heute ein großes Kaufhaus steht.

Das Pressehaus am Speersort: Es war 1938 für die NS-Zeitung „Hamburger Tageblatt" gebaut worden. Nach Aufräumung und Wiederherstellung zog die SPD mit ihrer Zeitung, dem „Hamburger Echo" ein. Außerdem entstanden hier das überparteiliche Wochenblatt „Die Zeit" und später das Nachrichtenmagazin „Der Spiegel".

Plakate aus dem Wahlkampf für die Wahl der Bürgerschaft am 13. Oktober 1946.

◀ Die Reeperbahn im Winter 1946: Auf dem Spielbudenplatz gibt es den ersten Rummel. Mehr als die Hälfte der Lokale ist zerstört, auch Ball- und Konzertsäle sowie das Panoptikum. Das Zillertal ist gut besucht, im Alkazar gibt es ein Varieté. Erhalten geblieben ist die Davidwache: Die Polizei hat hier viel zu tun.

Auf der Moorweide konnte für lange Zeit ein Zirkus sein Zelt aufschlagen. Im Vorgarten der Universität wird übrigens auch Gemüse angebaut.

◀ Der erste Dom auf dem Heiligengeistfeld im Sommer 1947. Neben den Arbeits- und Wohnbaracken ist nicht viel Platz für Karussels und die Achterbahn.

Im Striptease-Lokal bevor die Hüllen fallen:
Hier verjuxten Schieber und Schwarzmarkthändler ihre Gewinne. Ein halber Hummer mit Majonäse und garniertem Ei war für 150 Reichsmark zu haben. Eine Flasche Sekt kostete je nach Marke zwischen 300 und 500 Mark. Niemand nahm hier die Polizeistunde um 23 Uhr ernst …

◀ Das Musikerlebnis für Kinder: der Mann mit der Drehorgel. Wer keine Arbeit hat, versucht auf diese Art, ein bisschen Geld zu machen.

Kriegsbeschädigten waren die meisten Möglichkeiten zum Geldverdienen und zum Amüsieren verschlossen. Es gab sogar noch aus dem ersten Weltkrieg Tausende von Kriegsopfern. In besonderen Einrichtungen wurde den Blinden und den Amputierten geholfen, sich für bestimmte Arbeiten zu qualifizieren. Die Besatzungsmacht hatte Kriegsteilnehmern jegliche Vergünstigung gegenüber anderen Hilfsbedürftigen gestrichen. Der Antrag auf Amnestie für Schwerbeschädigte wurde abgelehnt.

Ruinen-Liebe 1948: Ein Kuschelplatz vor dem Skelett des Karstadt-Kaufhauses an der Hamburger Straße in Barmbek.

# ≈ VOM SCHWARZMARKT ZUR WÄHRUNGSREFORM ≈

Zum Überleben nach dem Krieg gehörten „krumme Touren“. Selbst die ehrlichsten Menschen kamen auf Abwege, um nicht zu frieren und nicht zu hungern. Der Mangel und die Bewirtschaftung lebenswichtiger Güter ließen den Tausch-, Schleich- und Schwarzhandel blühen. Jung und Alt konnten die abenteuerlichsten Geschichten von der Jagd nach begehrten Waren erzählen, bis hin zur Bekanntschaft mit dem Gefängnis. Die ganze Situation zu einem humorigen Dreizeiler verdichtet, war als Wandspruch in einem Hamburger Geschäft für 7,50 Reichsmark zu erwerben:

„Wer heut sein Leben liebt, der schiebt.
Wem Ehrlichkeit im Blute rauscht, der tauscht.
Wem beide Wege sind verbaut, der klaut.“

Hauptumschlagplätze des Schwarzmarktes in Hamburg waren die Reeperbahn und der Hansaplatz in St. Georg. Obwohl bei der Preisbildung das klassische Gesetz von Angebot und Nachfrage galt, erfolgten Geld- und Warentausch in großer Heimlichkeit, denn der Handel mit bewirtschafteten Gütern ohne Bezugsschein war verboten. Für seltene und begehrte Waren stiegen die Preise ins Unermessliche. Die hohen Gewinnspannen verführten zu Betrug, Raub und sogar Mordtaten. Natürlich war die Polizei im ständigen Einsatz gegen den Schwarzmarkt: Es gab Razzien und Beschlagnahmungen, illegale Warenlager und Fälscherwerkstätten wurden ausgehoben; Schnellgerichte der Besatzungsmacht verhängten Geld- und Haftstrafen, die Gefängnisse waren überbelegt.

Erst mit der Währungsreform und der Aufhebung der Bewirtschaftung im Juni 1948 kam das Ende des Schwarzmarktes. Das neue Geld, die D-Mark, erfüllte die Hoffnungen der Menschen auf ein verlässliches Tauschmittel: Es lohnte sich wieder, für Geld zu arbeiten, die Warenangebote lagen wieder offen in den Geschäften und auf den Märkten. Mit einem Schlage war die Dunkelzone der Versorgung beseitigt.

Überall in Hamburg war dieser Startschuss in eine neue Zeit zu spüren: Noch ahnte niemand, dass es eine Rennstrecke in das Wirtschaftswunder sein würde. Allein das Gefühl der Befreiung schuf ungeahnte Energien, den Krieg und seine Folgen so schnell wie möglich zu überwinden und zu vergessen. Erst vom „Tag X“ an, wie der Termin der Währungsreform damals genannt wurde, setzte eine für die meisten erkennbare Entwicklung ein, im Handel, im Gewerbe, im Wohnungsbau, in Kultur und Bildung. Jetzt konnten die Hamburger mit vollem Recht ausrufen: Hurra, wir leben noch!

Was im Kleinen Tauschhandel hieß, hieß im Großen Kompensationsgeschäft: Die Reichsmark hatte ihren Wert verloren, nur noch Sachwerte zählten. Waren und Dienstleistungen erhielt man nur, wenn man etwas Vergleichbares zu bieten hatte. Ganze Hausstände wechselten damals offensichtlich die Besitzer. Schlecht dran war, wer – wie die Flüchtlinge, Vertriebenen und Ausgebombten – auf nichts zurückgreifen konnte.

Eine typische Szenerie an einem Brennpunkt des Schwarzen Marktes an der Reeperbahn Ecke Hamburger Berg. Scheinbar unauffällig stehen und gehen Männer und Frauen herum, leise flüsternd ihre Angebote und ihre Wünsche. Die Kleidung dient als Versteck. Weil die Geschäfte ruck-zuck abgewickelt werden, ist auf nichts und niemanden Verlass: Wer kann so schnell die Qualität der Ware und die Geldsumme prüfen, wenn er ständig vor der Polizei auf der Hut sein muss?

Razzia auf einem Schwarzmarkt in Hamburg: Das Gebiet wird von einigen Hundertschaften der Polizei eingekesselt. Systematisch werden Papiere geprüft und Taschen geleert. Wer verbotene Waren bei sich hat, kommt auf die Wache und vor ein Schnellgericht: Für 80 englische Zigaretten gibt es zehn Tage Gefängnis. Auch große Schieber geraten ins Netz der Polizei; sie können sich jedoch zuweilen „freikaufen".

▶ Vorbereitung auf den Tag X der Währungsreform: Unter starker Bewachung wird das neue Geld aus der Hamburger Filiale der Reichsbank am Alten Wall auf Lastwagen verladen, die es zu den zahlreichen Auszahlungsstellen bringen.

▼ Lange Schlangen am Sonntag, dem 20. Juni 1948 vor den Ausgabestellen wie hier auf dem Hof der Emilie-Wüstenfeld-Schule in Eimsbüttel: Ab Null Uhr würde das „Altgeld", seine Gültigkeit verlieren; in den Tagen zuvor war soviel wie möglich verprasst worden. Für einen späteren Umtausch (natürlich zu einem drastisch reduzierten Kurs) sollte man seine Bestände anmelden; man durfte sie aber auch gleich selber vernichten.

▶ Geldausgabe in der Turnhalle: Jedem war ein „Kopfgeld“ in Höhe von 60 D-Mark versprochen, von denen 40 DM zunächst ausgezahlt wurden. Eine Umfrage nach den Kaufwünschen hatte ergeben, dass auf der Liste ganz oben Schuhe und Kleidung stehen und ganz unten Krawatten und Bücher.

▼ Über Nacht hatten die meisten Hamburger Geschäfte ihre Schaufenster und Regale gefüllt. Viele hatten die Waren zurückgehalten, bis sie sie gegen die neue Währung verkaufen konnten. Mit Marken muss die Verteilung nicht mehr geregelt werden; der Preis ist entscheidend. Selbstbedienungsläden kamen in Hamburg erst etwas später auf.

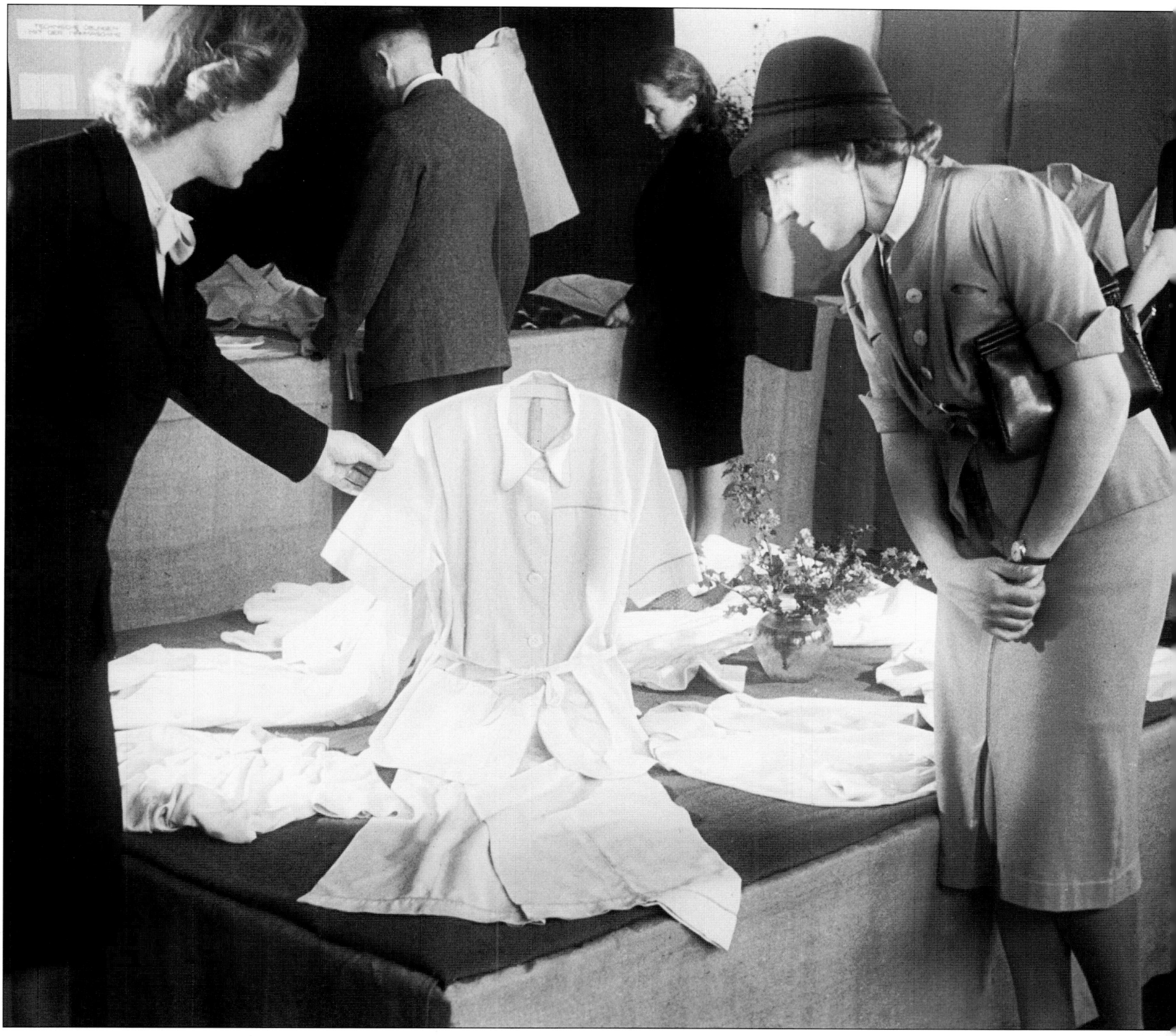

Darf's ein Kostüm aus Nesselstoff sein? Kann man sich in diesem Sommer schon den letzten Chic aus ungebleichtem Baumwollgewebe leisten? Viele Geschäfte verzichten erst einmal auf Preisschilder, um die Kunden nicht zu verschrecken und um den „richtigen“ Preis zu erkunden.

Wie Pilze aus dem Boden schießen Verkaufsbuden, hier gegenüber vom Hauptbahnhof am Beginn der Mönckebergstraße. Für die gestiegenen Konsumbedürfnisse fehlt es an Verkaufsfläche; und sicher galt es als besonders günstig, auf einem solchen Basar einzukaufen. Für die Neuverglasung des Hauptbahnhofs fehlt noch das Geld.

Der Deichtormark hat sich belebt: Obst, Gemüse und Blumen suchen wieder auf dem schnellsten Weg die Verbraucher. Allein die Zahl der Lastkraft- und der Lieferwagen zeigt, wie umfangreich der Handel geworden ist.

Auf Bahnhöfe kommt man wieder, um zu verreisen. Für den Fotografen war es wohl ein ungewöhnliches Bild, dass Zigaretten und Zigarren wieder geraucht und nicht mehr als Ersatzwährung benutzt werden.

◀ Konsumgüterbetriebe wie diese kleine Schuhfabrik spüren als erste die große Nachfrage der Verbraucher. Für viele lohnt es sich wieder, einer geregelten Arbeit nachzugehen. Bei den Arbeitsämtern melden sich immer mehr Menschen, die eine Stelle suchen. Fachkräfte sind sehr begehrt.

▼ Kurze Erfrischungspause beim Straßenbau in der Hamburger Innenstadt: Auch der Staat kann mit den Steuern aus dem neuen Aufschwung wieder seinen Aufgaben gerecht werden. Die Verkehrsplanung nimmt in der Hansestadt breiten Raum ein.

FRANKFURTER

▲ Weinachten 1948: Vergessen das Leid der ersten Nachkriegsjahre?

◀ Die Mönckebergstraße bei Nacht: Geschäftigkeit schon fast wieder wie zu Friedenszeiten, wäre da nicht die zerstörte der Laterne des Rathausturmes.